PREFACE

Cet ouvrage s'adresse à chacun de nous. En effet, même s'il reflète les pensées d'un homme, il est conçu pour tous ceux qui éprouvent le besoin de connaître la profondeur de leur esprit ou de leur âme.

Pour ceux qui s'interrogent sur le sens de la vie et des valeurs humaines.

Tout le monde pense. Il est permis de se poser des questions: où allons nous?

Qui sommes nous?

Que signifient les mots
« vérité », « bonheur »,
« amour »?

Mais nous posons nous les bonnes questions?

Sommes nous au fond libre de penser, dans une société de consommation où le

besoin du matériel l'emporte sur le besoin du spirituel, où l'homme se conforme de plus en plus à un modèle?
I l existe encore des hommes vrais; qui ne veulent pas avoir l'esprit ligote, Belluso Sébastien en fait partie.
'Un brin de recueil': une vue de l'esprit, une recherche de son moi, et des principes universelles.
Une quête de l'équilibre, de la sérénité et du bien être.

H.f

@2017 Sébastien Belluso

Éditeur : Books on Demand GmbH,12/14 rond point des Champs Élysées, 75008 Paris France

Impression : Books on Demand GmbH Norderstedt Allemagne

ISBN : 9782322086283

Dépôt légal : Novembre 2017

Écrit le:
20/07/2005.

Brin de Recueil…

Enfant, je ne pouvais pas
comprendre comment mon père
pouvait boire du vin à table.
Aujourd'hui j'approuve !

La vie est un univers de questions
mais très peu d'entre elles ont des
réponses, la nuit levez la
tête au ciel vous verrez

Ce que tu rates aujourd'hui demain tu réussiras.

Ce que tu as réussi aujourd'hui, hier c'était raté.

Si tu as réussi hier, tu risques de rater demain, si tu es confiant aujourd'hui.

Garder une part de doute sur ce que l'on fait de manière à se relever si l'on tombe.
Telle est la valeur du juste milieu.

Aujourd'hui beaucoup de choses ne sont pas oubliées, ni j'en pleure, ni j'en ris mais je me souviens...
        Merci conscience.

Ne changez pas tout aujourd'hui,
changez demain, demain changera.

Ne ressassez pas hier car
aujourd'hui est déjà fini et demain
est inconnu.
Vivez votre vie de rêves sans oublier
le réel.

La vie peut changer du tout au tout, du tout au rien, du rien au rien et du rien au tout, en rien de temps.

Seul le rêve tend la main,
le rêve est refuge,
la révolte est raison.

Le bonheur est éphémère et
abstrait, il faut le capturer quand il
est là.

La main du rêve ne donne guère de
bonheur mais un fil conducteur.

Le reste du temps, ce n'est pas le
bonheur qui est à nos côtés.

Ne croyez pas que la terre dépend
de l'homme car c'est lui qui dépend
d'elle.

Si Dieu existe il est le Soleil.

On n'est plus au temps des westerns mais les temps sont les mêmes.

Certains d'entre nous sont des voyageurs abstraits et le rêve nous guide vers des destinations concrètes.

N'est il pas intéressant de savoir
quelle est la conviction de
l'ambition ?

 La plus belle des choses est de
pouvoir concrétiser.

C'est dans le brouillard que l'on
trouve éclaircie.

Triste est de dire que la vie est un long fleuve tranquille car certains courants sont difficiles.

On ne peut aider que celui qui accepte de l'être.

Où le livre est, je suis.

Nous ici, dans le même jardin.

Un jardin de papier où je partage ma pensée.

Ce jardin de papier fleuri de pensées peut devenir bien réel. La pensée peut être abstraite comme bien concrète.

La solitude est source de découverte.

La solitude sans partage est folie.
C'est peut être la conscience qui
perdra l'homme.

L'amour doit rester l'allié à
l'épanouissement, mais il ne doit
pas être la clef de l'épanouissement

L'épanouissement existe-il aussi sans l'amour ?

L'écrit est un chemin spirituel. Le seul dieu concret de ma connaissance est le soleil tous les autres sont des dieux abstraits et pour beaucoup la vie se concrétise dans cet abstrait.

Ecrire tout et rien avec la main abstraite de la pensée où chacun pourra lire sa pensée concrète.

Un écrit suivi d'une lecture peut donner naissance à l'image et au son. Un homme écoute le chant des oiseaux par la fenêtre, par-dessus un coq chante

Je suis revenu comme l'oiseau
migrateur.

Nous avons tous des solutions mais
très peu ont des réponses.

Au fond du jardin une fleur
s'appelle « Immortelle »

Que le vent te mène à ta quête.

Seul le souvenir est vieux.

Un secret qui demeure secret est la
froideur de l'hiver sans printemps.
L'utopie est peut être le sens de la
vie.
La philosophie est l'équilibre au
paradoxe qui nous entoure.

La philosophie ouvre les portes en quête de spiritualité.

Le futur est précédé du présent, le présent devance le passé mais leur trinité fait le temps. Le temps est fait de poussières.
Le rêveur pense et le penseur rêve.

Bonne nuit...

« Se perdre » peut arriver si on découvre le monde.

Ecrire c'est comme faire descendre la surface et faire monter les profondeurs.

Le rien est universel.

Un jardin sans clôture où l'âme
coule, attend les promeneurs qui
ont du cœur.

Tu ne renies pas celui qui est lui
mais celui qui n'est pas lui.

Il faut se suffire à soi pour se
partager.

C'est une torture de ne pas pouvoir prendre son temps.

La pensée est la plus sportive et la plus endurante, même essoufflée elle continue.

Les anciens sont une grande connaissance.

Un ami est celui qui donne à manger à la conviction et non à la pitié.

La plus belle des choses est de pouvoir se lever quand on se lève, de se coucher quand on se couche, de manger quand on a faim.
Cette trinité est le chemin.

L'évolution d'un homme peut être
cent fois plus grand que l'évolution
superflue de milliers d'hommes.

L'écrivain qui écrit comme un
jongleur est un
philosophe.

L'art de la philosophie est le poison
de l'envie.

Tu découvriras ton concret dans l'abstrait, seulement si ton âme lit comme l'âme qui l'a 'écrit.

Comment définir la pensée de l'artiste.
La compréhension est insensée au sens propre comme figuré, dans cet abstrait incompréhensible, je découvre encore mon concret.

C'est grâce à ce que l'on
comprend que l'on se construit.

La patience aide.
Un homme âgé me dit
 « Il fait frisquet ce soir »
Je lui répond
«non ! Parfait »
Il me dit soudain « pas plus que ce
qu'il faut » J'en conclus que c'est
parfait.

Il faut du temps pour découvrir son soi, le temps ne nous appartient pas pleinement et chaque fois que l'on me lit, on contribue à la recherche de mon être, d'où la naissance du remerciement.

Réfléchis à ce que je vais dire.
Pourquoi réfléchis tu déjà, je n'ai
rien dit et j'ai pourtant tout dit.
Quelle est ta réflexion ?
Pardon, tu n'en avais pas.
Tu as la conclusion que je n'ai pas.

Le souvenir est référence à l'avenir.

Je ne peux laisser que le partage du rêve à travers l'écrit car c'est grâce à lui que je rêve.

Si la vie est mélancolie, c'est parce que l'histoire est mélancolique.

Optez pour l'utopie.

Jamais plein phare dans le brouillard car il t'éblouit par sa clarté. La découverte de celui qui oublie, c'est d'être celui qui n'invente rien. C'est pour cela qu'il est plein d'inventions.

Certaines donnent leurs fruits après plusieurs générations.

Attendre quoi ?

Attendre rien.
On est surpris, ému.

Il est un péché au monde moderne : rendre envieux, encore plus grand est le péché si le monde ne se sent pas concerné.

Par moment, souvent, le
silence est accompagné de
musique. L'oisiveté sans
inspiration
déstabilise l'esprit et rend l'âme
triste.
L'âme et l'esprit sont
complémentaires pour
l'inspiration.

Peu est l'importance. Méditer sur quelque chose que l'on sait ou que l'on croit savoir.

Ai-je donné naissance à l'écrit ou
est-ce lui qui me fait renaître.
Si je l'ai fait naître il est
important de le faire vivre.

L'inspiration de l'art, de la philosophie, de la droiture, de l'intégrité, de l'envie...·

Je peux être surprenant
comme   ennuyant·

Ce- que je sais ...
Je ne me souviens plus sans
rien
oublier·

L'art redonne vie...

Torturé ?

Libéré ?

Peut on l'être ?

Par des moments qui sont

instants éternels.

Comment sommes nous ?

Difficile de donner une image,
celle-ci est variable avec
l'épanouissement.

Pareille à l'humain et unique à
elle.

J'écris ma prophétie.
Là où les sentiers sont fleuris
d'intégrité, coloriés de confiance,
teintés de plaisir.

Le réel ne s'imagine pas...

Le partage de la pensée peut éclaircir le chemin par son coté obscur.

L'âme y croit...

Le bonheur est comme la vie du papillon. (Ephémère)
Tellement éphémère que quand on y goutte on croit qu'il peut être éternel.

Le bois est mon or...

La vie est un conte pour enfant qui trahit.
Tout ce que l'on allume finit en fumée, faute de ne pas avoir suffisamment de bois.

Les erreurs sont bénéfiques, alors
pourquoi sont elles des erreurs ?

On récolte parfois sans avoir
semé.

Seul le regard voit, l'âme lie.

Le fond est parfois très profond.

Dénouer.

Nouer.

Renouer.

Leur trinité fait le nœud.

Dépeupler.

Peupler.

Repeupler.

Leur trinité fait le peuple.

Décomposer

Composer

Recomposer

Leur trinité fait la

composition.

Les plus beaux lieux sont dans
les rêves...
Le bien être est en soi...

Le plus loin on le trouve chez soi
...

Le peut être est une grande
certitude...

On comprend ce que l'on doit
comprendre avec le temps...

 Le plus grand des espoirs est
peut être dans le désespoir...

Il faut éclaircir le coté
obscur,pour rencontrer le bonheur
du simple instant.

Quand le temps est sombre il
semble éternel.

Le brouillard est si épais ce soir
que l'on ne voit pas les étoiles.

Où est l'essentiel ?
Je ne l'ai
trouvé ...

nulle part...

L'amour est un feu qui devient
braise.
La moindre brindille fait des
flammes.
Trop de bois l'étouffe et sans
bois il devient cendre.

illustration :
Peintre « B.J.C »

Autres livres :

_L'éveil d'écrire.
_L'essence de la solitude.
_Le temps d'aimer.
_Mine d'or

Amitiés Sébastien